BEI GRIN MACHT SICH IHR
WISSEN BEZAHLT

- Wir veröffentlichen Ihre Hausarbeit,
  Bachelor- und Masterarbeit

- Ihr eigenes eBook und Buch -
  weltweit in allen wichtigen Shops

- Verdienen Sie an jedem Verkauf

Jetzt bei www.GRIN.com hochladen
und kostenlos publizieren

Katrin Miller

Zu: Scott McCloud, Comics richtig lesen

GRIN Verlag

Bibliografische Information der Deutschen Nationalbibliothek:

Die Deutsche Bibliothek verzeichnet diese Publikation in der Deutschen National-
bibliografie; detaillierte bibliografische Daten sind im Internet über http://dnb.d-
nb.de/ abrufbar.

Impressum:

Copyright © 2000 GRIN Verlag GmbH
Druck und Bindung: Books on Demand GmbH, Norderstedt Germany
ISBN: 978-3-656-51968-3

Dieses Buch bei GRIN:

http://www.grin.com/de/e-book/27966/zu-scott-mccloud-comics-richtig-lesen

GRIN - Your knowledge has value

Der GRIN Verlag publiziert seit 1998 wissenschaftliche Arbeiten von Studenten, Hochschullehrern und anderen Akademikern als eBook und gedrucktes Buch. Die Verlagswebsite www.grin.com ist die ideale Plattform zur Veröffentlichung von Hausarbeiten, Abschlussarbeiten, wissenschaftlichen Aufsätzen, Dissertationen und Fachbüchern.

Besuchen Sie uns im Internet:

http://www.grin.com/

http://www.facebook.com/grincom

http://www.twitter.com/grin_com

Universität Augsburg
Lehrstuhl Medienpädagogik
Wintersemester 1999/2000
Seminar: Multimediales Lernen – Sprache und Symbolik der Bilder

Autor: Katrin Miller

REZENSION

Scott McCloud, Comics richtig lesen

Scott McCloud, Comics richtig lesen

Hamburg: Carlsen Verlag GmbH, überarbeitete Auflage 1995, 224 S., ISBN 3-551-72113-0, DM 38.-

Schlecht und unbeholfen gezeichnet, primitive, unsinnige und dürftig erzählte Geschichten ohne kulturellen Wert oder einfach nur „Kinderkram" – all das sind Vorurteile mit denen das Genre Comic seit seiner offiziellen Geburtsstunde am 16.Februar 1896 zu kämpfen hatte und die noch heute in vielen Köpfen umherschwirren. Und auch die Wissenschaft und der Kulturbetrieb scheinen sich erst in den letzten Jahren von diesen Klischees gelöst zu haben, und nähern sich dem Comic nur sehr vernachlässigend auf wissenschaftlicher Art und Weise. Mit „Comics richtig lesen" leistet Scott McCloud einen Beitrag, um diesen Vorurteilen weiter entgegenzuwirken, dadurch daß er die Funktions- und Wirkungsweisen der Comics aufzeigt und Einblicke in die Welt der Formen und Zeichen vermittelt. In neun Kapiteln bringt er dem Leser die Welt des Comic näher, indem er Ausführungen zu Geschichte, Sprache und Techniken dieses visuellen Mediums bietet. Anhand von prägnant gezeichneten Beispielen gelingt es dem Autor zu demonstrieren, wie diesem an sich statischen Medium Bewegung, Emotionen, Assoziationen und zeitliche Dimensionen verliehen werden können. Dabei wird herausgestellt, daß Comics durchaus in die Kategorie Kunst einzuordnen sind - eine Kunst die Wort und Bild vereint und dem Zeichner dadurch vielseitige Gestaltungsmöglichkeiten bietet. Dabei wählt McCloud genau das Medium zur Darstellung, das auch ihr Gegenstand ist: nämlich den Comic!

Der Autor Scott McCloud, geboren 1960, begann 1984 damit sein Buch „Zot!" zu zeichnen, das ein Jahr später als beste neue Serie mit dem Kirby Award ausgezeichnet wurde. Parallel dazu entstand die Superheldenparodie „Destroy!" und etwas später folgte der „grafische Roman" „The new adventures of Abraham Lincoln", der hauptsächlich am Computer entstanden ist. 1992 wurde ihm der Inkpot Award verliehen, 1993 erschien „Comics richtig lesen". McCloud doziert an verschiedenen amerikanischen Universitäten zu den in seinem Buch behandelten Themen.

McCloud knüpft an Will Eisners Buch „Mit Bildern erzählen" an, welches als revolutionär geltendes Werk die Bildsprache und Grammatik des Comics beschreibt und analysiert. Allerdings darf „Comics richtig lesen" nicht als Abklatsch Eisners Werk angesehen werden, sondern vielmehr als Erweiterung und Vertiefung des Themas, das ausführliche Informationen zu Geschichte und Werdegang des Comics liefert.

Ausgangspunkt des Autors ist eine rein förmliche Definition des Comic als *„Zu räumlichen Sequenzen angeordnete, bildliche oder andere Zeichen, die Informationen vermitteln und/oder eine ästhetische Wirkung beim Betrachter erzeugen sollen"* (S.17), von der aus im Anschluß neues Licht auf die Geschichte des Comic geworfen wird. In einem ausführlichen Diskurs, der von einer präkolumbianischen Bilderschrift über „Holzschnitt-Romane" bis hin zur Photographie und Gebrauchsanweisungen reicht, wird herausgestellt, wie facettenreich sich die Vergangenheit und somit auch das Genre des Comics gestaltet. Dabei wird verdeutlicht, wie gebräuchlich und allgegenwärtig der Comic als Ausdrucksmittel in der Gesellschaft war und heute nach wie vor noch ist. So finden sich – wenn man Comic als sequentielle Kunst definiert - nahezu überall und an allen Orten verschiedenartigste Comics: beispielsweise in Kurzanleitungen oder an Hinweisschildern!

Über Jahrhunderte hinweg hat der Comic seine eigene Sprache und Grammatik entwickelt, die aus einfachen Bildern und Grafiken komplexe Botschaften entstehen lassen. Aber so wie sich das gesamte bildliche Vokabular aller visuellen Künste aus Realität(= Ähnlichkeit mit dem realen Gegenpart), Sprache(= Bedeutung des Dargestellten) und Bildebene(= von naturalistisch bis abstrakt) zusammensetzt, so läßt sich die Bandbreite dieser Komponenten auch bei verschiedenen Comiczeichnern wiederfinden. Ihnen allen dienen mehr oder weniger stark ausgeprägte symbolische Zeichenstile als Köder für ihr Publikum, die im übrigen nur mit unserer gedanklichen Mitwirkung und Induktion – also unseren gedanklichen Folgerungen und Ergänzungen - funktionieren.

Vokabeln(und somit im Comic das, was innerhalb eines Bildpanels stattfindet) allein reichen allerdings nicht aus um eine Sprache zu verstehen. Der Frage wie sich die „Grammatik" des Comic(und somit das, was zwischen den Bildpanels stattfindet) darstellt, wie und warum also aus Einzelbildern zeitliche Handlungen werden, geht McCloud auf die Spur, indem er immer wieder zu Beispielen aus der Geschichte der Wahrnehmung greift und illustriert, welche geistigen Prozesse ablaufen müssen, um dem Comic seine eigene Faszination zu verleihen. Fest steht allerdings, daß die Phantasie und Mithilfe des Lesers dann gefordert ist, wenn sowohl innerhalb als auch zwischen den Panels Illusionen von Zeitabläufen und Bewegungen entstehen sollen. Nur dann kann ein Comic funktionieren

Dem Zeichner selbst werden dadurch technische Kategorien eröffnet, die dazu befähigen, die Gedanken seiner Zielgruppe weitgehend zu steuern, beispielsweise im Aufbau von Comicseiten oder durch die Verwendung von „Speedlines" oder „Actionlines". Trotzdem bleibt das Medium jedoch ein für den Leser individuell interaktives Erlebnis. Der Zeichner gibt lediglich einen Leitfaden vor – und fordert dadurch seine Leser dazu auf, selbst aktiv am Comic teilzunehmen.

Spätestens seit Munch oder Van Gogh dürfte es bekannt sein, daß Linien, Form und Farbe die Fähigkeiten besitzen alle fünf Reize des Menschen anzusprechen und somit wird die bewußte Gestaltung von Bildern zum Mittel, um unsichtbare Belange wie Gefühle oder sinnliche Wahrnehmungen hervorzurufen. Diesem Thema widmet McCloud zwei weitere Kapitel, in denen auch die verstärkende Wirkung von Wörtern nicht ungeachtet bleibt.

So kann beispielsweise Zeitempfinden, das der Leser vermittelt kriegen soll, durch Wörter konstruiert werden, die ein Einzelpanel bereits mehrere Sekunden andauern lassen können, da Wörter Schall darstellen, der wiederum nur in der Zeit existieren kann. Ebenso können Wörter, Bilder und Linien Gefühle und Emotionen zum Ausdruck bringen und ein- und dasselbe Bild mit unterschiedlichsten Eindrücken aufladen.

Entscheidend jedoch ist die richtige Kombination von Wort und Bild, so daß sich die Dynamik von Bildern mit der Exaktheit der Sprache optimal ergänzen kann.

Doch die Verknüpfung der beiden Formen war -trotz ihres gemeinsamen Ursprungs- doch Jahrhunderte lang nahezu verschmäht. Bedenkt man, daß die ersten Schriftzeichen lediglich stilisierte Bilder(vgl. Hieroglyphen) waren, diese immer abstrakter, differenzierter, immer weniger bildhaft und schließlich zum „Wort" wurden, so scheint es fast unvorstellbar, daß eine erneute Kombination, auf derartige Ablehnung stoßen konnte und kann.

Die Bildkunst wurde immer naturalistischer und zu Beginn des 19.Jahrhunderts waren Schrift und Bild sehr weit voneinander getrennt. Erst dann begann die Kunst und somit das Bild, das bis dato „Ähnlichkeit" symbolisierte, sich mehr und mehr zur „Bedeutung" hin zu entwickeln, die eigentlich für die Schrift und das Wort charakteristisch erschien. In der Schrift hingegen entwickelte sich ein eher umgangssprachlicher Stil, der zwar keinen Verzicht auf die Bedeutung nach sich zog, aber sich mehr und mehr zur bildhaften Ebene hin(also zur Ähnlichkeit und Symbolik hin) entwickelte. Somit befanden und befinden sich Wort und Bild auf einem direkten Kollisionskurs.

Der Comic kann als Förderer dieses „Aufeinanderzustrebens" gesehen werden, da gerade die Synthese Wort - Bild im Comic eine Art „Revival" erlebt. Der Autor beweist durch sein sechstes Kapitel zudem, welch unbegrenzte Möglichkeiten sich aus dieser Verbindung gerade im Comic ziehen lassen.

Sechs Schritte sind es, die ein Schema bilden, nach dem jedes Kunstwerk entsteht(Idee/Intention, Form, Stil, Strukturierung, Technik, Erscheinungsbild). Sechs Schritte, die sich ein Comiczeichner immer und immer wieder vor Augen halten sollte, egal ob er nun am Anfang seiner Karriere steht oder es bereits zum Erfolg gebracht hat. Der Autor jedenfalls bietet eine umfassende Theorie des kreativen Prozesses, der einen nie endenden und arbeitsintensiven Kreislauf bildet.

Ignoranz und Profitdenken: beides sind Faktoren, die den Comic auch in Zukunft an der Entfaltung seines Potentials hindern werden. Ein Potential, das „mit Hilfe der *Intimität der Literatur und der Bildkraft von Malerei und Film Bewegungsfreiheit und Vielseitigkeit*"(S.220) bietet und eine Faszination ausstrahlt, die lediglich die Fähigkeit zu sehen vom Leser erfordert.

„Comics richtig lesen" ist das Ergebnis siebenjähriger Überlegungen seitens des Autors über das Medium Comic und das damit verbundene Herausfinden, was sie zum ticken bringt. Das Resultat ist durchaus lobenswert und bietet selbst Comic-Verächtern überzeugend interessante Argumente, das Medium Comic als Kunst anzusehen.

Was für den Laien allerdings etwas langatmig und ermüdend erscheinen könnte, sind die ausführlichen und sehr spezifischen Stilbeschreibungen verschiedener Comiczeichner, die wiederum dem Comic-Fan zur Verdeutlichung dienen werden. Jedes einzelne Argument über Theorie und Technik des Comic wird ausführlich hergeleitet und/oder in verständliche Illustrationen eingebettet, die auf phantasievolle und unterhaltsame Art und Weise veranschaulichen und präzisieren, wie Comics funktionieren, was sie leisten können, wie ihre Grundbestandteile sind etc. Der Autor weiß stets dem Medium auf den Grund zu gehen, indem er die Entstehungs- und Entwicklungsgeschichte der sogenannten neunten Kunst in ansprechender Form immer wieder mit einfließen läßt. Auch kulturell unterschiedlichen Eigenarten wird großes Interesse entgegengebracht und es entsteht eine gelungene Kombination aus Formen, Zeichen, Poesie und Philosophie.

Allerdings ist „Comics richtig lesen" weder ein reines Geschichtsbuch, noch eine bloße Anleitung für Comic-zeichnen! Vielmehr will es aufdecken, wie durch einfache Techniken und Kunstgriffe die Sehgewohnheiten der Leser so manipuliert und verändert werden können, daß einem statischen Medium Leben verliehen werden kann. Das Buch gibt somit jedem, der in irgendeiner Form mit Design zu tun hat nützliche Informationen – sei es nun Web-Design,

Animationsfilme, Malerei u.ä. Aber auch jeder der sich ernsthaft mit der Kunst- und Erzählform des Comic auseinandersetzt sollte dieses Buch gelesen haben, auch wenn die Studie nicht einfach erklärt ist, da insgesamt eine sehr verschachtelte Darstellungsweise und Strukturierung vorliegt. Durch die humorvoll amüsanten und abwechslungsreichen Zeichnungen, die das Geschriebene ergänzen und verdeutlichen, kann Comics richtig lesen" durchaus als eine unterhaltsamen Form wissenschaftlicher Abhandlungen bezeichnet werden, die zeigt, welches Potential in der Kunst des Comic liegt-

.

Falls die äußere Form zunächst nur Comicfans ansprechen sollte, dürfen sich Comicgegner auf keinen Fall davon abschrecken lassen, denn er Comicstil selbst bietet wohl die besten Möglichkeiten zur Information über dieses Medium, das – wie bereits erwähnt - durchaus Wissenschaftliches leisten kann, wie McCloud beweist und wovon sich alle Skeptiker am besten selbst überzeugen sollten.

Scott McCloud, Comics richtig lesen
Hamburg: Carlson Verlag GmbH, überarbeitete Auflage 1995, 224 S., ISBN 3-551-72113-0, DM 38.-

- Vorurteile über Comics, die ihn zu „Kinderkram" deklassieren
- Wissenschaft und Kulturbetrieb nähern sich dem Genre der Comics nur sehr vernachlässigend auf wissenschaftliche Art und Weise
- **„Comics Richtig lesen"** will in neun Kapiteln:
- Vorurteilen entgegenwirken
- Funktions- und Wirkungsweisen der Comics aufzeigen
- Einblicke in Welt der Formen und Zeichen geben
- Geschichte und Sprache der Comics vermitteln
- Techniken vermitteln, durch die dem an sich statischen Medium Bewegung, Emotionen, Assoziationen und zeitliche Dimensionen verliehen werden können

Ziel:
- Comics können durchaus in Kategorie „Kunst" eingeordnet werden
- Comics bieten vielseitige Gestaltungsmöglichkeiten

Scott McCloud:
* 1960
- Werke: „Zot!"(1984), „Destroy!" (1984), „The new adventures of Abraham Lincoln", „Comics richtig lesen"(1993)
- Auszeichnungen: „Kirby Award"(1985), „Inkpot Award"(1992)

McCloud doziert an verschiedenen amerikanischen Universitäten zu den in „Comics richtig lesen" behandelten Themen

„Comics richtig lesen"
- knüpft an Will Eisners Buch „Mit Bildern erzählen" an: revolutionär geltendes Werk, das die Bildsprache und Grammatik des Comics beschrieb und analysierte
- Ausgangspunkt: rein förmliche Definition des Comic: „Zu räumlichen Sequenzen angeordnete, bildliche oder andere Zeichen, die Informationen vermitteln und/oder eine ästhetische Wirkung beim Betrachter erzeugen sollen"(S.17)
- Neues Licht auf Geschichte des Comic stellt Facettenreichtum des Genre heraus
- Comic hat seine eigene Sprache und Grammatik entwickelt:
- aus einfachen Bildern und Grafiken werden komplexe Botschaften
- gesamtes bildliches Vokabular aller visuellen Künste besteht aus Realität, Sprache und Bildebene

- Symbolische Zeichenstile verschiedener Comiczeichner dienen als Köder für ihr Publikum
- funktionieren nur mit gedanklicher Mitwirkung der Leser = Induktion
- wie und warum werden aus Einzelbildern zeitliche Handlungen?
- Beispiele aus Geschichte der Wahrnehmung
- Geistige Prozesse um Comic seine eigene Faszination zu verleihen
- Technische Kategorien, die dem Zeichner ermöglichen, Illusionen in den Köpfen seiner Leser entstehen zu lassen
- Linien, Form und Farbe können alle 5 Reize des Menschen ansprechen
- Gestaltung von Bildern wird zum Mittel um Gefühle oder sinnliche Wahrnehmungen hervorzurufen
- Verstärkende Wirkung von Wörtern
- Kombination aus Wort und Bild erlebt im Comic ein „Revival"
- Verbindung eröffnet unbegrenzte Möglichkeiten
- Theorie des kreativen Prozesses

- jedes Kunstwerk entsteht nach einem bestimmten Schema: „Die sechs Schritte"
- Potential des Comic:
- Entfaltung durch Ignoranz und Profitdenken behindert
- Vielseitigkeit durch Kombination aus Intimität der Literatur und Bildkraft von Malerei
- Faszination, die lediglich Fähigkeit zu sehen erfordert

- Resultat siebenjähriger Überlegungen seitens des Autors, um Herauszufinden was Comics zum ticken bringt.

Beurteilung:
- bietet überzeugend interessante Argumente, das Medium Comic als Kunst anzusehen
- phantasievoll, unterhaltsam
- jedes einzelne Argument über Theorie und Technik wird ausführlich hergeleitet und/oder in verständliche Illustrationen eingebettet → Veranschaulichung, Präzision, wie Comics funktionieren etc.
- Autor geht Medium auf Grund: Entstehungs- und Entwicklungsgeschichte wird ansprechend dargestellt
- Kulturell unterschiedliche Eigenarten werden erläutert
- Will aufdecken, wie durch einfache Techniken die Sehgewohnheiten der Leser so manipuliert und verändert werden können, daß statischem Medium Leben verliehen werden kann
- Wendet sich an jeden, der in irgendeiner Form mit Design zu tun hat und an alle, die sich ernsthaft mit der Kunst- und Erzählform des Comic auseinandersetzen will
- Aufgrund der teilweise sehr verschachtelten Darstellungsweise und Strukturierung erklärt das Buch oft etwas schwer über seine Inhalte
- Ausführliche und sehr spezifische Stilbeschreibungen verschiedener Comiczeichner könnten für Laien etwas ermüdend sein
- Äußere Form spricht zunächst nur Comicfans an, aber Comicgegner sollten sich nicht davon abschrecken lassen, da Comicform die besten Möglichkeiten zur Information über dieses Medium bietet
- Beweis, daß Comics durchaus auch Wissenschaftliches leisten kann